PIANETA

TERRA

Copyright © 2024 Samuel John

Ciao! Stai per iniziare un incredibile viaggio alla scoperta del nostro pianeta:

LA TERRA

Scoprirai che questo posto meraviglioso, che chiamiamo casa, è pieno di cose affascinanti.

Quando e come si è formata la Terra?

La Terra si è formata circa 4,6 miliardi di anni fa. Ma come?

Si è formata a partire da rocce e polvere che si sono riunite nello spazio. Nel corso del tempo, è diventata così calda che mutare in una gigantesca palla di lava.

Poi si è raffreddata e ha formato una superficie solida dove sono comparsi oceani e montagne, e più tardi è emersa la vita.

La Terra è il terzo pianeta più vicino al Sole nel Sistema Solare.

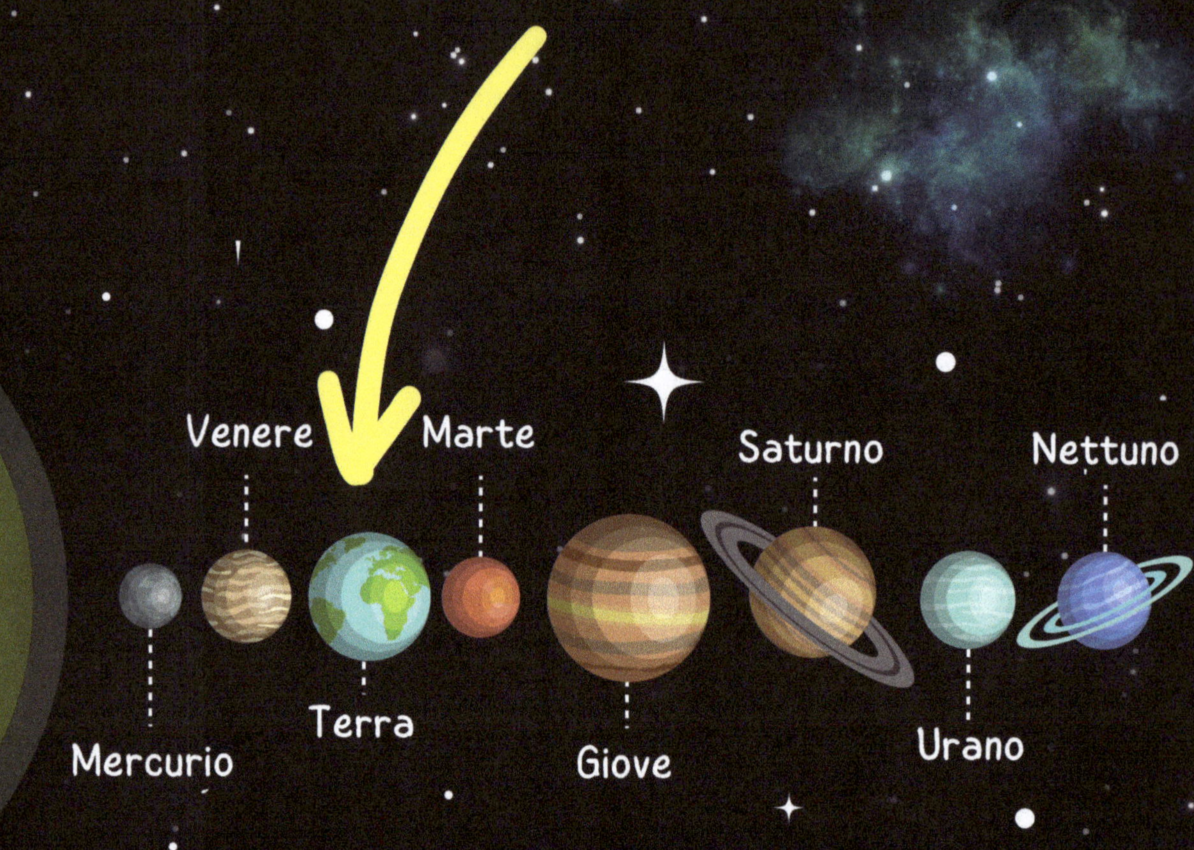

È uno dei pianeti rocciosi perché è costituito principalmente da rocce e minerali.

La Terra sembra una palla blu dallo spazio perché è per lo più ricoperta d'acqua.

Come è fatta la Terra?

Se potessimo tagliare un piccolo pezzo di Terra e guardarci dentro, vedremmo che è composto da tre grandi strati:

- **Crosta:** Lo strato esterno, costituito da terreno e rocce.
- **Mantello:** Uno spesso strato sotto la crosta, dove le rocce si sciolgono a causa del calore intenso.
- **Nucleo:** Il centro della Terra, costituito principalmente da metalli come ferro e nichel. Fa estremamente caldo!

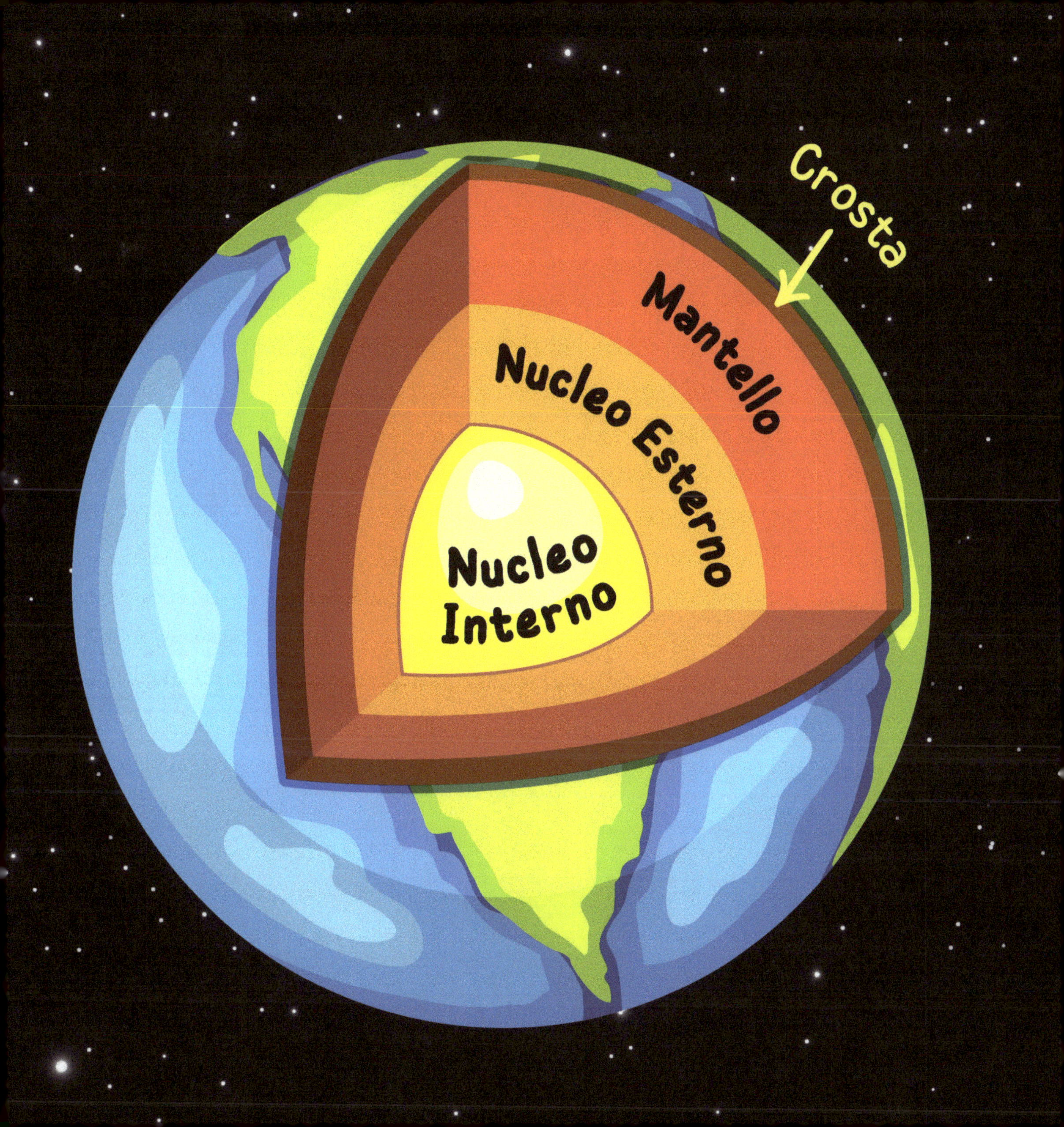

Crosta
Mantello
Nucleo Esterno
Nucleo Interno

Il nostro pianeta ha tre parti principali che lo rendono abitabile:

- **Geosfera:** Tutte le rocce e le terre, dalle montagne al fondo del mare.

- **Idrosfera:** Tutta l'acqua, che copre il 70% della superficie. Ciò include oceani, fiumi, laghi e persino l'acqua ghiacciata ai poli.

- **Atmosfera:** Uno strato di gas che circonda l'intero pianeta. Ci protegge e rende possibile la vita.

Idrosfera
Atmosfera
Geosfera

- **Troposfera**: Dove si crea il meteo (pioggia, nuvole, vento...) e dove viviamo.
- **Stratosfera**: Dove si trova lo strato di ozono che ci protegge dal sole.
- **Mesosfera**: Dove bruciano le meteore.
- **Termosfera**: Dove si verifica l'aurora boreale.
- **Esosfera**: Lo strato più esterno, dove orbitano i satelliti e le navicelle spaziali.

Esosfera
Termosfera
Mesosfera
Stratosfera
Troposfera

Come abbiamo visto prima, lo strato di ozono si trova nella stratosfera.

Agisce come uno scudo che ci protegge dai raggi ultravioletti del sole, che possono causare problemi di salute e danneggiare gli ecosistemi marini e terrestri.

Il nostro pianeta ha due movimenti importanti: rotazione e rivoluzione.

Consideriamo innanzitutto la rotazione.

In questo movimento, la Terra gira sul proprio asse come una trottola.

Per compiere un giro completo ci vogliono 24 ore, ovvero un giorno. Questo movimento provoca il giorno e la notte. Quando un lato della Terra è rivolto verso il Sole, è giorno. Quando è dalla parte opposta, è notte.

Nel movimento di rivoluzione, la Terra orbita attorno al Sole.

Per compiere un'orbita completa attorno al Sole occorrono 365 giorni, ovvero un anno.

Il moto di rivoluzione, insieme all'inclinazione dell'asse terrestre, determina le stagioni: primavera, estate, autunno e inverno.

Come è possibile la vita sulla Terra?

Acqua: La Terra è ricca di acqua e l'acqua è essenziale per tutti gli esseri viventi.

Aria: Abbiamo un'atmosfera con aria che possiamo respirare. L'ossigeno nell'aria è fondamentale per la sopravvivenza di piante, animali e esseri umani.

Temperatura: la temperatura della Terra è giusta. Non fa né troppo caldo né troppo freddo, il che consente alle piante di crescere e agli animali e agli esseri umani di vivere comodamente.

Sole: Il sole ci fornisce la luce e il calore necessari. Le piante utilizzano la luce solare per nutrirsi attraverso un processo chiamato fotosintesi.

Suolo: La Terra ha un terreno fertile dove le piante possono crescere. Le piante sono importanti perché ci forniscono cibo e ossigeno.

Protezione: La Terra ha uno strato di ozono che ci protegge dai raggi solari dannosi.

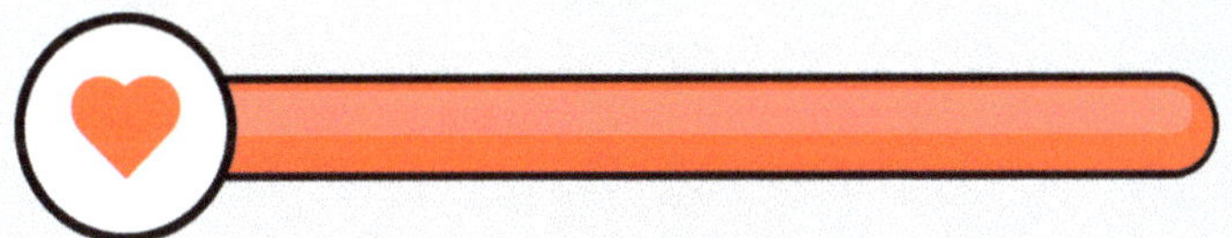

Prendiamoci cura del nostro pianeta

Il 22 aprile celebriamo la Giornata della Terra per ricordare l'importanza di prenderci cura della nostra casa.

Puoi contribuire a proteggere il pianeta Terra riciclando, risparmiando acqua, utilizzando i trasporti pubblici e rispettando tutti gli esseri viventi.

La Terra è un luogo meraviglioso ed è nostro dovere proteggerla. Ogni piccolo gesto conta e ci aiuta a garantire un futuro a tutti gli esseri viventi che la chiamano casa.

Spero che ti sia piaciuto conoscere la Terra. Prendiamoci cura del nostro pianeta perché è l'unica casa che abbiamo!

ZUPPA DI LETTERE

```
U K L I A M B W E S Z L U B H
J O Z Q R R U S U T C E X M I
A K A N B H K E P R K U U C X
T G D S E Q G J Y A H W W N Z
B E Q I E D Z T V T T Z Y S T
W E R Y O V X O X O L Q K Z G
G Y C M T R O P O S F E R A C
D R O E O H J O H F F R U J B
M E T S E S O S F E R A L W J
F Z S O A Y F Y C R P Z Y F W
T U T S Q V H E E A L N Q R J
E C F F W Z M Q R N K W T C K
C S P E F T O I A A V A H W
I M H R L W P H J W V S F Q N
H S M A X A R G T O O F U B J
```

TROPOSFERA   MESOSFERA   ESOSFERA

STRATOSFERA   TERMOSFERA

NUCLEO INTERNO   MANTELLO
NUCLEO ESTERNO   CROSTA

CRUCIVERBA

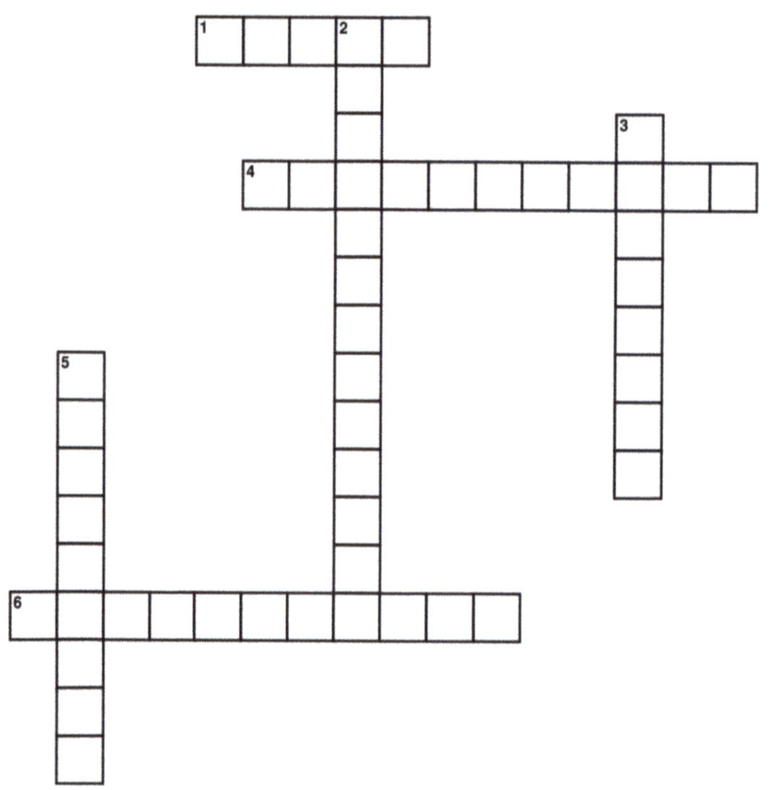

Orizzontale

[1] Copre il 70% della superficie terrestre.
[4] Lo strato dell'atmosfera in cui si trova lo strato di ozono.
[6] Movimento della Terra attorno al Sole.

Verticale

[2] Raggi del sole dai quali lo strato di ozono ci protegge.
[3] Parte del pianeta costituita da rocce e terra.
[5] Movimento della Terra quando ruota su se stessa.

IDENTIFICA

GEOSFERA
IDROSFERA
ATMOSFERA

SOLUZIONI

```
U K L I A M B W E S Z L U B H
J O Z Q R R U S U T C E X M I
A K A N B H K E P R K U U C X
T G D S E Q G J Y A H W W N Z
B E Q I E D Z T V T T Z Y S T
W E R Y O V X O X O L Q K Z G
G Y C M T R O P O S F E R A C
D R O E O H J O H F F R U J B
M E T S E S O S F E R A L W J
F Z S O A Y F Y C R P Z Y F W
T U T S Q V H E E A L N Q R J
E C F F W Z M Q R N K W T C K
C S P E F T O I A A V A O H W
I M H R L W P H J W V S F Q N
H S M A X A R G T O O F U B J
```

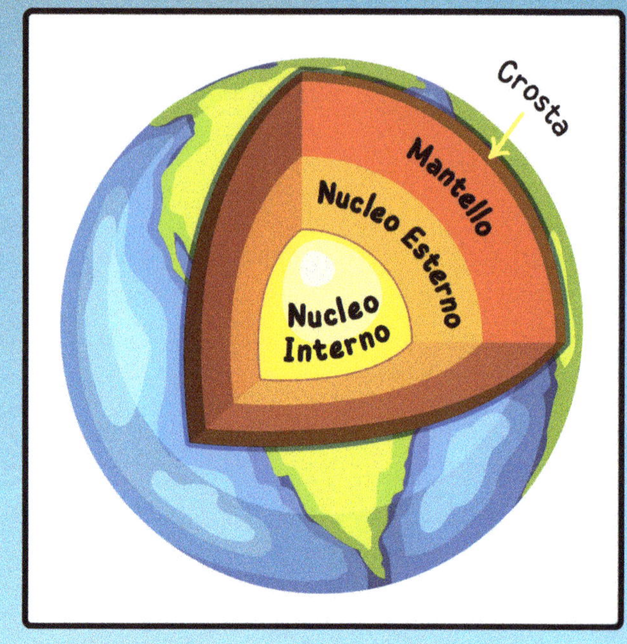

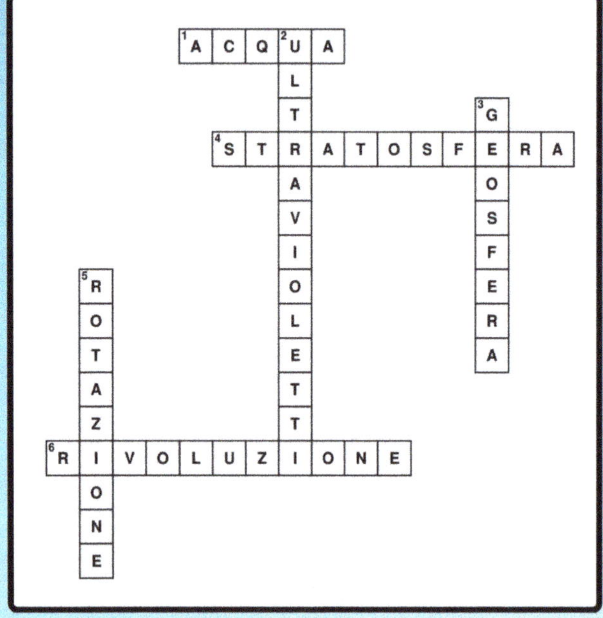

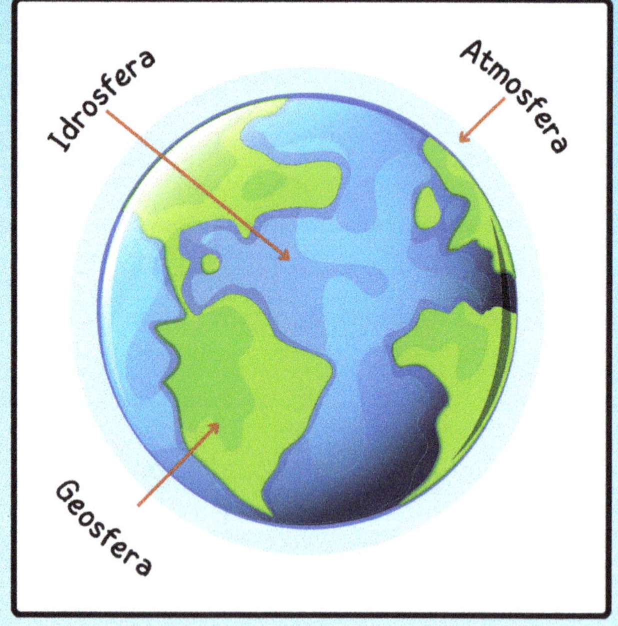

Questo libro è il risultato di tanto lavoro, cura e dedizione.

Forse non lo sai, ma sono un autore indipendente. Dietro ogni mio libro c'è una sola persona: io. Gestisco ogni aspetto del processo, dalla documentazione al design... Non c'è nessuna grande casa editrice dietro di me, e non ho illustratori. Mi occupo personalmente di tutto con tanto amore e entusiasmo. Ogni volta che pubblico un nuovo libro, è quasi come accogliere un nuovo figlio nella mia vita.

Per questo ti chiedo gentilmente di considerare tutto questo quando lasci una recensione onesta sulla piattaforma dove hai acquistato questo libro. Significherebbe molto per me, mi motiverebbe a continuare e, soprattutto, fornirebbe informazioni preziose per i futuri lettori.

Grazie in anticipo per aver dedicato del tempo per condividere la tua esperienza. Apprezzo il tuo supporto!

A presto!

VULCANI

IMPARA CON I NOSTRI
LIBRI EDUCATIVI PER BAMBINI

L'ANTICO
EGITTO

LA
LUNA
Per Bambini

IL SISTEMA SOLARE
Per Bambini
3-6 anni

IL CICLO DELL'ACQUA

DINOSAURI

Apparati e Sistemi del
CORPO UMANO

PREISTORIA

CURIOSITÀ
UNIVERSO

ANIMALI
VERTEBRATI

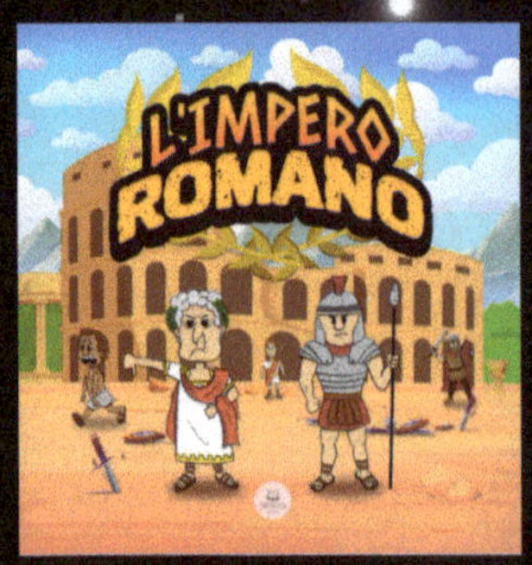

L'IMPERO
ROMANO

IL LIBRO
DEI
Monumenti
PIÙ FAMOSI DEL MONDO

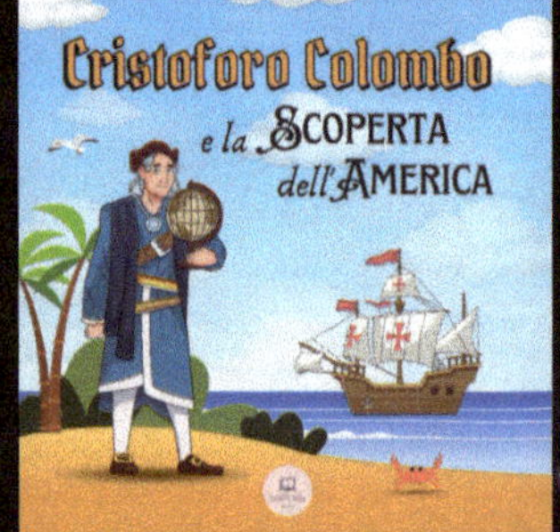

Cristoforo Colombo
e la Scoperta
dell'America

SCAN ME

Hai qualche idea per un nuovo libro educativo? Adoro ascoltare i pensieri e i suggerimenti dei miei giovani lettori!

Se c'è un argomento che vorresti vedere trattato in un prossimo libro, fammelo sapere! Contattami via email e prenderò in considerazione il tuo suggerimento. Ricorda, dovrebbe essere un argomento educativo!

 **contacto@samueljohnbooks.com**

Samuel John
BOOKS

www.amazon.it/dp/B09WJ4C4BQ
contacto@samueljohnbooks.com
www.amazon.com/author/samueljohnbooks